곤줄박이에게 쓴 편지

| 양화연 시집 |

신아출판사

시인의 말

익으라고 밖에 내놓았다
아따! 시다
뭐라고
시라고?

푹 익은 시를 빚는 분

오래 익어야
좋은 시가 되지요

얼굴 빨개져 파랗게 앉아 있다
발효가 그리 쉬운 일인가?
여지껏 부글부글 소리만 내고 있다

2025년 가을
양화연

차례

시인의 말

1부 뜰 안

10 · 노란 중절모
11 · 그 붉은
12 · 어느 여름에
14 · 우주가 흔들려
16 · 천국에서
17 · 풍 풍 풍
18 · 아버지의 소리
19 · 꽈리 붉다
20 · 엄마의 등
22 · 상수리나무 자드락길
24 · 전복을 닮았을까
25 · 술빵
26 · 진즉
28 · 터줏대감
30 · 내 편 좀 들어 주지
31 · 외갓집 종친회
32 · 거꾸로 강 흐르면
33 · 풍덩

2부 뜰 밖

36 · 다시 문을 열고
37 · 복권 탄 미꾸라지
38 · 공연한 친절
39 · 겨울 부채
40 · 마주보다
41 · 곤줄박이에게 쓴 편지
42 · 마당 119
43 · 꽃 피지 않아도
44 · 추억을 말다
46 · 껍데기
48 · 좋아서 참 좋다
50 · 계산기가 이상하다
52 · 수레국화 꽃씨
54 · 무심을 먹다
55 · 할아버지의 토마토
56 · 설교 든는 물김치
57 · 낮달맞이꽃
58 · 흑기사 없나요

3부 긴 풍경

60 · 장미터널에서
61 · 말 사이에 서다
62 · 가맥집 신데렐라
64 · 배롱꽃 웃네
66 · 문고리
68 · 비둘기 떠난 이유
69 · 무얼 더
70 · 떨어져 있는 것들
71 · 어떤 홍교
72 · 모두가 꽃 되지
73 · 샛길을 돌다
74 · 백두산 1442
75 · 무사처럼
76 · 신상
77 · 차이
78 · 성불하세요
79 · 비포장도로
80 · 내가 사랑하는 그녀

4부　짧은 풍경

82 · 활주로
83 · 무안한 손
84 · 시력 없는 남자
85 · 내가 좋아하는 말이 있지요
86 · 옥수수 경전
87 · 나도 할 일이 있지요
88 · 이상한 일
89 · 국화 뒤에서
90 · 꽃등 달겠네
91 · 출생신고
92 · 물듦
93 · 응아도 학교 가고 싶다
94 · 휴식
95 · 휴게소 매출 2위
96 · 아, 산
97 · 레몬 닮다
98 · 노나 먹기
99 · 숨어 있는 것들
100 · 몇 번 오갔더니

103 · **어느 시간의 언어**
　　　　－ 천세진(문화비평가, 시인)

1부

뜰 안

사계절-1, 2022, 도자, 22x38x22cm

노란 중절모

길이 모자를 썼다
노란 모자 빨간 모자

휙,
곁을 지나치는 자전거 위
노란 중절모 구름으로 얹혔다

눈길이 허둥대며 따라간다
사라진 그림자 사이
코스모스 길게 울고 있다

먼 길가 아직도 서 계신
아버지

그 붉은

어릴 적
할아버지 댁

한밤중
작은아씨 보러 가는
큰아버지
사립문 가만히 밀면

사랑채 울타리
어물쩍 타고 넘던
붉은 능소화

어느 여름에

녹슨 대문을 민다
풀 무성한 마당
맨드라미 두어 포기

부러진 나뭇더미 옆
돌확이 댕그랗다

여름이면 엄마는
우물가 돌확에
고추 마늘 생강 보리밥을 넣고
싹싹 문지르라고 하였지

동생과 쪼그려 앉아
퐂독*으로 빨갛게 동그라미를 그리는데
친구가 찾아왔다

어느새 우리 엄마
큰딸이 저리 중정이 없어 어쩐디야
김치만 먹어 봐라 입이 부르틀 거시고만

입이 아파도 어쩔 수 없다
오늘은 태양은 가득히
영화 보는 날

알랭 들롱인지
안소니 퀸인지

밥상 위 벌건 열무김치
보리밥 한 수저
김치와 양심 사이
젓가락이 자꾸 흔들리는데

큰아는 먹지 마라 입 부르튼다
설거지는 니가 다 혀
퉁명스레 하는 말 다 안다

물이끼 파란 확 속에
하늘이 조용히 내려와 앉는다

* 폿독 : 돌확에 곡식을 넣고 문지르는 돌의 전라북도 말

우주가 흔들려

어느 여름날
엄마는 말랭이콩밭 지심 매러 가고
할머니는 막걸리를 거르셨지
심심해서 옆에 쪼그려 앉아
할머니, 냄새가 좋아
한 번 먹어볼래?

달착지근하다가
어질어질하다가

잎 커다란 홍초 꽃대
쑥쑥 올라가고
금방 꼬투리 진 호박
하늘에 둥둥 떠 있다

한참이나
우주가 흔들리더니
날이 환하게 밝아

후다닥 책가방 챙기는데

엄마가 부르는 소리
그만 자고 저녁 먹어라

천국에서

손이 퉁퉁 부어
어디엔가 넣어둔
옥수수 수염을 찾았다

손발이 자주 부어
고생하시던 아버지
철이 지나 어렵게 구했다

고맙다
네 덕분에 붓기가 싹 빠졌구나
얄팍해진 손을 보며 좋아하셨다

하늘로 올리는 소리
아버지, 그곳은
옥수수수염 필요 없나요?

하늘에서 내려오는 소리
여긴 아픈 사람 없다

퐁 퐁 퐁

시골 외갓집 삼촌 일곱과 이모. 학교 마당처럼 시끌덤벙했지 우리도 가끔 퐁 뛰어들고 옴박지에 보리밥 비벼 먹고 평상에 앉아 쏟아지는 별을 보다가 할아버지 이야기 좀 해 주세요

옛날에 하늘에서 환인 임금님 아들 환웅이 태백산으로 내려왔단다 할아버지는 단군 할아버지 이야기를 들려주시고는 연기 퐁퐁 모깃불에 마른 풀 보태고 툇마루로 올라가시고

할머니는 김이 퐁퐁 나는 감자와 옥수수를 한 소쿠리 담아 오셨지 하나둘 평상에 누웠지 할머니 옛날이야기 하나 해 줘요 나는 이야기 잘 못 헌다 에이 잘 못혀도 괜찮응 게 빨리요

옛날에 쥐들이 사는 동네에 난리가 났단다 강을 건너 도망가는데 쥐들이 꼬리에 꼬리를 물고 뛰어 들어갔대 한 마리가 퐁 하고 들어가면 또 한 마리가 퐁 뛰어들고 또 퐁 하고

하늘에 있던 별똥별 하나 퐁 소리에 놀라 저쪽으로 퐁

아버지의 소리

강정을 좋아하셨던 아버지
바삭거리는 소리 시원했다

오래 그 소리 듣고 싶어
참깨 들깨 호박씨 사다 놓고

마음은 강정을 만드는데
깨 항아리 자꾸 밀어냈다

아버지 산으로
보내드리고 왔다

빈 친정집 햇빛 한줄기
가만히 앉았는데
아직도 냉장고 앞에
구부정하게 서 계신 아버지

바삭 하는 소리 들린다

꽈리 붉다

자전거 뒤 꽈리 줄기 몇 개
아버지 따라 외갓집으로 피난 왔다

아들도 아닌 지집애가 맨날 울어
다락에 집어넣기도 했다는 아버지
빨간 꽈리를 갖다 주셨지

제트기 무섭게 날아다니던 전쟁 때
퇴근하면서 집에 들러
꽈리 한 묶음 꺾어 오신 거였지
딸내미 꽈리 소리 듣고 싶은 거였지

엄마의 등

보양식이 되었다
못생겨 눈 주기 싫은 미꾸라지

삶고 부수고 거르고
들깨 고추 갈아 시래기 넣고
엄마 솜씨 두어 숟가락 풍덩
구수하고 진해지면
엄마 등은 더 구부러졌다

두레 밥상에 앉아
엄마의 정성을 먹는다
야들아 오늘 추어탕
참 맛나다 안 그러냐
아버지는 은근히 엄마를 칭찬하고

이제 두레밥상도
아버지의 말씀도
등 굽은 엄마도 없다

그리움을 차린다
그만허면 잘 끓였고만
저만치 엄마가 고개를 끄덕인다

상수리나무 자드락길

큰어머니가 돌아눕는다
사랑채 문 여는 소리

어슴새벽
하얀 두루마기 손질하는 큰어머니

새 기와집으로 들어가는 큰아버지
이상해 묻는 사촌 동생에게
"가이나가 쓸데없이 벨 것을 다 알라고 허네."
큰어머니는 붉은 손으로 동생 등을 때리고
'후두둑' 곤달초 꽃 떨어졌다

큰 아버지는 개망초 보듯 하셨지만
미영 치마저고리 순하기만 했던 큰어머니
비단 옷 입고 지아비 등 뒤
자늑자늑 걷고 싶은 큰어머니

사랑채 뜰 앞 능소화 붉으면
안방의 물레는 고목처럼 길게 울었다

이제 대문을 들어서던 큰아버지의 두루마기도
큰어머니가 푸성귀를 씻던 우물도 없다

옹이 가득한 상수리나무 자드락길
큰어머니가 그림인 듯 서 있다

전복을 닮았을까

생일날 친구가 보낸 전복
들기름 발라 구워 드리고
전복 껍데기는 어항 속에 넣었다

기억들 하나하나
묻히는 사이
대문도 묻혀
어둠을 헤매기도 하셨다

오래된 것들
무지개 너머로 보내고
마지막 선고에도
담담하시더니
전복 껍데기가 된 엄마

바람에 풀잎 눕듯
뭍에 얹혔다

술빵

밀가루와 막걸리
해님이랑 조랑조랑 놀다 보면
보름달처럼 커지지
김 오른 가마솥에 넓게 펴
붉은 맨드라미 잎 점점이

할머니는 네모 세모 잘라
반짝반짝 감잎에 싸 주셨지
새콤하다가 달착지근하다가
취하지 않아 다행이야

세모난 술빵 하나 사 들고
바람 인형 흔들리는 길을 걷는데
시큼한 할머니 냄새
하얀 적삼자락 따라오네

진즉

구절초 축제
사진 찍다 꽃을 망쳐 놓았다
박카스 병에
개망초꽃 꽂아 놓던 엄마

액자를 보고 말했다
암 덩어리가 없어졌다고
집을 예쁘게 고쳤다고

서녘으로 가신지
한쪽 손가락보다 많은데

미주알 고주알
왜 이럴까

시도 때도 없이
왜 이럴까

그걸 모르니
엄마잖아
엄마

터줏대감

몇 년 전부터 우리 집
안방에 앉은 반닫이
할머니 계신 듯 포근했다

할머니의 할머니가 주셨다는
긴 잠에 든
은비녀 노리개 옥가락지

내리닫이문 위쪽 서랍 두 개
네 모서리 ㄱ자 장석 경첩 두 개
문 가운데 원 모양 장석
고동색 칠이 바랬다

짧은 다리 아래 구수한 숭늉 양푼
옆면엔 닿소리 홀소리 표 반듯했지

우리 남매 조랑조랑 붙어 있으면

할머니는 쌀엿을 쥐어 주셨지
활짝 웃으셨지

할머니 얼굴 가만히 쓰다듬는다
옹이 진 시간 오랜 침묵에 들어 있다

내 편 좀 들어 주지

어쩌다 학교 성적이 떨어지면
큰딸이 공부 못하면 동생들도 영락없이 공부 못혀

친구와 놀다 늦게 오면
큰딸이 얌전해야 동생들이 본을 보는 거시여

뿌옇게 마루를 잘못 닦으면
그렇게 깔밋잖아 쓰겄냐 니 동생들 닮을라

동생과 다투면 니가 져 줘라
철없는 어린 것이 뭘 알간디

누가 먼저 낳아 달랬나
맨 날 나만 타박하고
한 번도 내 역성들어 주지 않던 엄마

이제는 뭘 해도 아무 말 안 한다

외갓집 종친회

증조할머니 계신 외갓집
4대가 모이면 집이 둥둥 떠올랐지

이천서씨 댁 사위 우리 아버지
막걸리 두어 잔 드시고 불콰해졌다

마당 부엌 천장에 살던 쥐들
몰려다니며 운동회를 열고
그날도 마라톤이 한창이었는데

아버지는 삼촌들을 보며
허허, 서 씨들이 잔치하는 줄 알고
서 생원들이 같이 놀자고 야단이네

어이, 서 생원들 이리 내려오시게나
여기 친구들 많이 있네

할머니는 술 항아리 바닥까지 긁어 내고
이모는 밤늦게까지 부침개 꼬순내 풍기고

거꾸로 강 흐르면

 몸이 자꾸 기울어졌다 부축하는 게 힘들어 짜증을 냈다 지팡이를 안 짚고 다니느냐 퉁명스레 말했다 당신은 미안해서 아무런 대꾸도 안 했다 아무 잘못도 안 했는데 딸에게 혼나고 있었다 어리석은 딸은 당신이 뇌종양을 앓고 있었다는 것을 몰랐다 엄마 미안해요 정말

풍덩

학교에서 돌아온 이모
동생과 내 머리 곱게 땋아
십 여리 외갓집 가는 길
이모 손잡으려 티격태격

안덕원이 가까워지면
붉은 수평선이 나타나지
꽃이불이다 꽃이불

이모, 나 저기 누워볼래
자운영 꽃밭으로
풍덩 뛰어드는데
거기 뱀 나온다 뱀

운동회 때마다 꼴등했는데
오늘은 혼자서 일등이다

2부

뜰 밖

2016년 여름-4, 2021, 도자, 36x25x11cm

다시 문을 열고

 녹슨 집 문에 갇힌 밝음은 쫓겨가고 고방 구석 거미의 그림자가 길고 검다 식구들이 앉아 있던 두레밥상에 흰 먼지가 쌓이고 그네에 매달린 거미는 진액을 만들지 않는다 잃어버린 시간이 지나간 자리 어렴풋한 빛 사이로 새끼 거미 한 마리 연기처럼 날아간다 보일 듯 말듯 작은 춤을 추던 것들 꿈틀거리며 다시 살아난다 환한 새벽을 향해 또 다른 문을 연다

복권 탄 미꾸라지

아이고, 깜짝이야
개수대에 미꾸라지 한 마리

한 달에 한 번씩 추어탕을 끓이던 엄마
너는 하느님이 복을 주셨는 개비다
미꾸라지를 어항에 집어넣었다

구피 몇 마리 놀던 곳에서 제왕이 된 그놈
친정 갈 때마다 매운 눈을 주었는데

소나기 억수로 내리는 날
빗물에 실려 보내며
너희 동네 가서 잘 살아라

공연한 친절

친구가 농사지은 고구마 줄기
같이 앉아 버스를 기다리는데
아이고 이 고생보따리 혀를 찬다
버스에서 내렸는데 또 한 아주머니
저걸 어찌 벗기나 사 먹지

엄마는 누렇게 고구마 줄기 벗기다
허리 두드리며 아이고 죽겠다
흘깃 보며 대문 나서던 아버지

별맛도 없더만
후제는 당최 허지말어요
고구마 껍질 덥석 안아
쓰레기더미에 툭 던지신다

겨울 부채

어느 저녁
설거지 마치고 한가해진 친구
엉뚱한 생각이 들어
티브이 앞 남편에게
문자를 보냈단다

여보 사랑해

힐끔 쳐다본 남편
에이 뭐여
전화세 나오는고만

문을 꽝 닫고
방으로
들어가 버렸다지

마주보다

옆집 대문이 열려 있다
옷장이 방 가운데서
창밖을 내다본다
허리가 묶인 짐

젊은 부부가 몸을 펴며
전세를 월세로 바꿔
이사를 간단다

집은 마주해도
눈 마주할 일 없이 지냈는데

동동거리며 맞벌이한다는 부부
떠밀리는 이삿짐을 보니
집주인이 밉다

아파트가 세 채나 있다는데

곤줄박이에게 쓴 편지

 우체통에 등기우편물을 넣어두었다는 문자를 받았다 문을 열고 무심하게 손을 집어넣었는데 곤줄박이 한 마리 푸드득 날아올랐다

 그 얕고 깊숙한 곳에 둥지가 있을 줄이야

 우편물과 함께 딸려 나온 알 다섯 개 엉겁결에 땅에 떨어졌다. 다행히 깨지지 않은 알 한 개. 한 개의 알이라도 세상의 빛을 볼 수 있었으면 싶어 조심스레 둥지에 다시 넣어 주었다

 새끼를 잃은 어미새 얼마나 황당하고 슬플까 생각하다 "곤줄박이야, 미안해 내 실수를 용서해 줘" 큰 글씨로 편지를 써 둥지에 넣어 두었다

마당 119

단풍과 쌍화차 붉은 동네
서울 친구와 놀러 갔다
밤새 두런거리다 아침이 되었지

친구는 부추 베어 참기름 흠뻑 무치고
도마에 질긴 생명 올라 한창인데
마당에 나왔지

봉숭아꽃인지 잡풀인지

두 달 전 암 수술하고
이리 밀림을 만들었구나

빼곡한 줄기 윙윙거리는 모기
말끔해지는 마당이 한창인데
친구가 주방 앞에서

"아이고, 이번 일요일 아이들이 온대서
사진 찍을라고 그냥 두었는디. 참!"

꽃 피지 않아도

오랜만에 만난 친구들
저녁밥 먹고
바람이라도 쏘이자고
공원 가는 길

연꽃이 피었을까
글쎄
덕진 방죽 연꽃은 아직 안 폈다네요
택시기사님 끼어드는 사이

친구 만날 때가 꽃밭이라며
맨날 허허 웃는 친구

친구가 웃으면 그게 꽃이지
연꽃에 비기겄어?

추억을 말다

우리 동네에 그럴싸한 곳이 있다

선물할 일이 많아
롤케이크를 자주 샀다

손님은 왜 선물만 하세요
오늘은 제가 선물합니다

사지도 않은
케이크를 들고 나오다
궁금해서 물었다

빵과 쿠키는 영양보다
단맛과 부드러움이 주는
위로와 추억을 먹는 것이지요

아침 여섯 시 반 문 열고
자연 발효시켜 화덕에 구워

최상의 빵을 만든다는
베이커리 사장의 선물
추억에 둘둘 말아왔다

껍데기

쩍쩍 갈라진 늙은 나무
고물 리어카를 밀고
걸음이 어지럽다

바람 든 삭정이 둘둘 말고
가난이
길고
멀게
아픈 소리를 낸다

둥글게 웅크려 쥔 육신에
앉은 상처

폐선의 가래 끓는 소리
세월의 구석에서
벌레처럼 기어다닌다

산다는 것은

폐지를 조각내는 일

조각난 폐지를
다시 붙이는 일

삐걱거리는 바닥에
낡은 그림자 내려놓고

오래된 척추가
물처럼 흘러내린다

좋아서 참 좋다

내가 생각나 전화했다던 너를
뜬금없이 생각했다

어버이날
할머니들 모시고 공원에 다녀왔다고
어제는 불편한 할머니를 찾아가
점심을 차려 주었다고

다리 부실한 친구
네 몸부터 잘 살펴
나는 가끔 미운 소리를 해댔는데

아침 일어나기 전에 간단히 운동해라
밥이 보약이여 세끼 꼭 챙겨 먹어
너무 돌아다니지 말어 넘어지면 큰일 나
가요무대 봐라 너 좋아하는 노래 나온다
잔소리쟁이 저 잔소리쟁이

몸집은 작아도 마음은 크고 넓어
함께 있으면 바다가 보이지
벽난로 앞에 앉은 것 같지

뜬금없이 생각하면 안 되는 너…

계산기가 이상하다

한의원에 가려고
버스를 기다린다

아파트 담 앞 목판에 놓인
검정 비닐봉투
아래 깔아놓은 돗자리

바퀴 주위가 벌겋게 녹슨
자동차 문 사이
젊은이의 붉은 허리통이 보인다

참외 오렌지 그려진
박스를 꺼내 전을 펼치고
만 원이라 적힌 박스 종이가
참외 봉지에 기대고 섰다

몇 시까지 일해요?
여섯 시까지요

서둘러
목판 앞에 섰다

만 원 어치도 충분한 나
조금만 담으세요 이만 원어치

너무 많아요 이상해요
더워요 어서 들어가세요

하늘 문 닫고 퇴근하려던 해
계산기 두 개가 고장이라며
고개를 갸웃거린다

수레국화 꽃씨

시옷 하나를 감췄다
같이 근무한 셋, 셋
상상회

리모콘을 찾아 놓고 가라 해서
내가 종이요 노비문서 찾다 왔다며
싱글거리는 숙희 씨

자기 생각이 맞다고 우기는 벽지학교 교장 말에 옳은 소리 했더니 문제교사라고 더 좋은 학교로 전출시켜 줬다고 희끗희끗 웃는 회장님

길가 수레국화 꽃씨받아 마당 넓은 집 은수 씨에게 건네는 연지 씨

부산하게 오가다가
멈춘 듯 고요하다가

바람 사이를 거닐며
상상하다가

무심을 먹다

그 사람
잘 지내고 있대?

아니
왜?

저세상으로 갔대
그려?

우리 점심에 뭘 먹을까?
갈비탕?
비빔밥?

하얀 무심을 먹는
또 한 하루

할아버지의 토마토

 서신동 양봉농협 맞은편 길 한 모퉁이에 할아버지가 전을 펼치고 있다
 꼬부라진 오이 뭉툭한 가지 시들시들한 배추 밑돈이 부족한지 못생기고 윤기 없는 야채를 늘어놓고 있다 지나갈 때마다 살폈지만 걸음이 멈춰지지 않았다 장 보따리를 들고 그 앞을 지나기가 미안했다
 아, 토마토가 있네 친구가 옆구리를 쿡 찌른다 괜찮아 붉어 식초 물에 담갔다가 살짝 삶아 분쇄기에 넣었다 내 위장은 붉음을 열렬히 환영했다

설교 듣는 물김치

 양배추 물김치를 맛있게 담는다고 유튜브에서 자랑한다 일요일이어서 파는 곳이 딱 한 군데 양배추처럼 단단해 보이는 할머니가 앉아 있다

 잘라 보니 가운데가 썩어 있다 그 사이에서 토막 난 지렁이가 꿈틀거렸다

 준비해 놓은 재료들이 있어 다음 날 시장에 갔다 허술한 나는 사정을 말하면 다른 것을 주려나 했다 할머니는 거짓말 잘하고 요상한 사람들이 많아 바꿔주지 못한다고 붉게 화를 냈다

 정말요 그런 사람이 다 있어요? 엉겁결에 맞장구를 치는데 내가 한심한지 옆에 있던 젊은 아주머니가 천 원이라도 깎아 드리세요 한다

 물정 잘 아는 할머니의 간간한 설교 듣고 담근 물김치 맛있으려나? 짜지는 않으려나?

낮달맞이꽃

 오후 세 시 무렵 길가 여기저기 파라솔이 펴진다

 채소와 과일이 앞장서 매대에 앉고 생선 화초 건어물 의류 이불이 사이사이에 끼어든다 팔러 온 사람 사러 온 사람들의 분주한 말들이 시끌덤벙하다 직접 키운 거예요 싱싱하네요

 인심 좋은 보람 슈퍼 앞 낮달맞이꽃 지나가는 아주머니의 찰랑한 치맛자락을 붙들고 분홍 춤을 추는데 가까이 온 구름이 가랑가랑 비 노래를 시작한다 서둘러 좌판을 접고 돌아갈 채비들

 길가 자동차 아래 누런 고양이와 눈을 맞추던 시계방 주인 엘이디 등을 끄고 셔터를 내리고. 청년마트 앞 복숭아 자두 오이 호박 가지들 부지런한 청년들의 손을 기다리고 있다 길 쪽에 앉아 있던 수박 참외, 얼굴에 묻은 빗물을 닦는데 바쁠 일 없는 할머니 느릿느릿 서성이며 분주한 청년들 사이를 훼방하다 돌아선다

 파라솔도 발걸음도 사라진 아파트 담 맞은편 은행나무들 기마병 같이 늘어서 있는데 어스름 안개가 피곤한 하루의 문을 가만히 닫는다

흑기사 없나요

 오래전부터 같이 있었지만 요즘엔 거들떠보지도 않는다 모두가 자기를 살피고 있음을 모르는 듯하다 요즘 무슨 산을 넘었는지 고개가 힘들다며 자꾸 의자에 앉는다 한두 해 전하고 다르다

 어쩌다 외출할 때면 나를 끌어 사랑하는 척 수건으로 문지르고 호 불기도 한다 간지럽지만 기분이 좋다

 그녀가 나를 본다 수십 번 달력을 바꿔 걸었던 그녀 얼굴은 탄력을 잃고 누르스름해졌다 미간과 턱 주위가 맘에 걸리는지 손으로 끌어올리고 펴본다 정직은 미덕이 아니다

 그녀와 이십 년 넘게 함께 했다 뜬금없이 사랑하는 사람들을 떠나보내기도, 큰 병원에 가기도 했다 따라 울고 한숨했다

 꼬맹이만 보아도 웃던 그녀가 요즘 잘 웃지 않는다 가을 풀처럼 새득새득한 그녀를 일으켜 줄 흑기사는 없을까 마주하기가 두렵다

3부

긴 풍경

소요, 2022, 도자, 20x37x4cm

장미터널에서

수목원 장미꽃밭
회색모자 갈색 점퍼의
할아버지
눈길이 따라 걷는다

부축하는 딸의
보라색 원피스가 살랑거리는 사이
아버지 손을 잡고 걸었다
장미 터널 속으로
마른 잎처럼 몸을 내린 할아버지
가만히 옆에 앉았다

딸이 가방에서 박카스를 꺼낸다
얼른 뚜껑을 따
아버지 손에 쥐여 드렸다
박카스 마시는 목울대
머리카락처럼
가녀린

말 사이에 서다

몸이 가벼워
무거운 책을 들었다

글 사이에서
금과 검이 보였다

말 사이를 뛰어다니는
금과 검의 곡예

나는 오늘 누구에게
금을 주고 검을 주었을까

무심한 언설로
누군가 울먹였을지 몰라
밤새
하얀 불면을
붙들고 있다

가맥집 신데렐라

모서리만 있는 곳으로
돌아가기 허전해서
다른 문을 열었다

사장님 맥주 두 병이요
험한 일 다 지켜본
상처투성이 탁자 위
안주가 너그럽다
힐끗힐끗 시계를 쳐다보는
계모 없는 신데렐라

몇 시에 문 닫아요
오늘 친구랑 술 약속 있어서 좀 일찍 닫습니다
퉁명스러운 등 뒤로 거세지는 빗소리

갑자기 맥주 두 병과
오징어 한 마리가 튀어오른다
친구가 일이 생겼답니다

푸짐한 대화에 안주발이 무성한데
신데렐라 시간을 지켜보다가
서둘러 계산을 마친다
오늘은 왜 서두르세요
유리 구두를 잃어버릴까 봐서요

지나가는 마차처럼 비는 멈추고
속 깊은 친구들과 가맥집을 나와
길가 달맞이꽃에게
실실 웃음 흘리는 밤

자정이 넘었는데
유리구두 신은 신데렐라
맥주잔에 담았던 어둠을 마시며
밤거리를 걸어간다

배롱꽃 웃네

이제야 웃네
웃을 일이 있어야지

강물 흐르 듯
잔잔한 시간인데

느리고 둔한 게 허물일까
뱁새 황새 따라갈 일도
곰비임비 할 일도
허겁지겁 부르지 않아
좀 좋은가

몸 삐거덕 소리 노래인 듯
편백 숲 걸으며
첫사랑 생각에 웃어도 보고

맞아
모든 게 참 쉽지

온 세상 꽃밭이지

활짝 핀 배롱나무
고개 끄덕이는 오후

문고리

 나는 항상 기다리지요 누군가 다가오면 설레며 인사를 건네요 어서 와요 기다리고 있었어요 그들의 손길이 닿으면 얼른 몸을 돌리지요 나는 누구의 손인지 금방 알지요 손바닥 온도를 통해 기쁨 희망 슬픔 괴로움을 조용히 전해 받거든요 표정도 살펴 보아요 환히 웃고 있으면 마음이 놓이지만 어두운 얼굴을 보면 안타깝지요
 아쉬울 때도 있지요 급한 일인지 나를 확 잡아다니기도 화가 났는지 거칠게 돌려 놀라기도 해요 쾅 하고 밀어 아프기도 하지요
 내 앞에서 만나 기뻐하고 떠나기 싫어 망설이기도 하지요 채송화 같은 세 살짜리 손녀는 훌쩍이기도 하고요 이럴 땐 내 몸을 괜히 돌려주었나 싶지요
 식구들은 내게 말을 건 적이 없지만 나는 비밀을 많이 알고 있지요 얼마 전 막내가 중간고사를 잘못 치루었는지 한숨을 쉬어 순간 멈칫하기도 했어요 어제는 요양병원에 계신 구십 넘은 어머니를 만나고 온 이집 엄마가 울먹여 안쓰러웠어요 사실 이 집 가장의 표정이 제일 마음이 쓰이지요 바깥일로

굳은 얼굴이다가도 나와 만나는 순간 낯빛이 환해지면 기분이 참 좋지요

　식구들은 나에게 무심해요 문이 닫힌 채로 오래 있어 심심하고 외롭기도 해요 그래도 섭섭하지 않아요 그들이 웃고 만나고 헤어지는 모습을 보며 따뜻하고 부드러운 손길을 느끼는 것으로 충분하지요 낮 동안 여닫으며 분주했던 작고 단단한 내 몸에게도 감사해요 모두들 오늘도 수고 많았어요

비둘기 떠난 이유

비둘기 몇 마리
뛰는 듯 걷는 듯
달처럼 돌고 돌았는데

비둘기에게 먹이를 주지 맙시다 비둘기의 분변과 털은 건강 위협 건물 부식 악취 등의 피해를 줍니다

환경 위생과 현수막이 걸린 후 비둘기 한 마리 안 보인다

똥 안 싸고 털 안 빠지고 냄새 안 나는 생명 어디 있다고

작은 달들 사라지고
빛바랜 현수막만

무얼 더

수족관 속 작은 구피
눈 마주치면 밥 챙겨주고
음이온 나온다는 산세베리아
숨 잘 쉬라 닦아주고

사과 반쪽 계란 두 개 우유 한 잔
동네 도서관에서 빌려온 김장하 선생의
『줬으면 그만이지』를 읽었다

그렇게 하루를 보냈으면 그만이지
무얼 더 보탤까

떨어져 있는 것들

계단을 오른다
오랜 시간을 앓아낸
관절염 조각이
덜컹덜컹 떨어져 있다

약 먹으면 나을까요
바닥을 뚫고
떨어지는 불안

노란 침묵에 든 은행나무
작은 비밀 꽁꽁 감싸
가만히 떨어뜨린다

떨어지는 것은
무게를 버리고
제 몸을 바꾸는 일
다른 곳을 바라보는 일

떨어져 외롭지 않은 것
떨어져도 울지 않는 것
가끔은 떨어져 행복한 것

어떤 홍교

다리가 활처럼 휘어졌다
두 아들이 부축하고 간다

멀어질수록 환해지는 홍교

천둥 바람 지나고
잡풀마저 사윈
구부러진 다리 위

미안해서 내려온 서쪽 달
가만가만 따라간다

모두가 꽃 되지

제라늄 화분 귀퉁이
괭이밥 두어 개

뽑을까
말까

밤에 살짝 보면
입 꾹 다문 괭이밥

모르는 척 두었더니

저리 고운 꽃 되었네

샛길을 돌다

팔을 다쳤다
옷 입기가 곡예다
아침엔 고양이가
세숫대야를 들고 있다

팔을 돌아오게 하려고
샛길을 돌아다니다
정형외과에 갔다
팔이 아프면 정형외과로 와야지요

마음도 정형을 잃어
바로 오지 못했을까
멀리 온 샛길
가만히 돌아보는데

아무 것도 모르는
강아지 한 마리
큰길로 기어간다

백두산 1442

삼대가 덕을 쌓아야 한다는데
운 좋게 천지를 보았다
서파 1442계단
손짓하는 가마꾼 마다하고
계단을 박음질하며
마른 힘을 다하는 동안
비운 내 집에서도
출산의 고통이 있었던가 보다
어항 속에 눈곱만한 구피 한 마리
해산을 증명하듯
큰 놈들 사이를 아슬하게 지나다닌다
삼박 사일 혼자 묵묵하던 집
언제 몇 마리를 낳았을까
멍청한 저놈들은 먹이인 줄 알았겠지
마라톤 선수였을까
작은 구피 한 마리
어항 속을 뛰어다닌다

무사처럼

 모르는 체했지 네가 말하려던 것 환하게 난 길을 걸을 때도 굽어진 곳을 지날 때도 못 본 척했지 아무것도 아닌 일에 나를 내리고 목적도 방향도 없는 길을 걷고 있을 때도 너는 그저 먼 눈으로 멀뚱하게 바라보고만 있었지 무사처럼 둥지를 지키고 싶었으면서도 날개를 다쳐 불안해하던 너 작은 돌 하나에도 고개 숙이던 바보 같던 너 두고 간 것이 많아 아직도 나를 서성이게 하는 너 수평선 너머로 보낸 긴 시선을 여전히 붙들고 있는, 그렇게 오래

신상

 침대에서 떨어졌다 왼팔이 올라가지 않았다 석회가 끼어 있던 곳에 충격이 가해져 통증이 살아났다는 정형외과의 말
 수술이 무서워 한의원에 갔다 뼈를 다치지 않았으면 시간이 좀 걸려도 낫는단다 전기치료 부항 레이저 치료 침… 두어 달이 지나자 왼팔이 귀까지 올라갔다
 추나 치료를 시작 목 어깨 주위를 밀고 당기고 주물렀다 긴장된 근막과 굳은 관절을 풀고 오늘은 추나를 한 뒤 머리와 미간을 촘촘히 마사지한다
 이런 마사지는 치매 예방에 좋겠네요 예 치매 파킨슨병에 좋아요 그리고 온몸의 신경을 자극해 병의 회복력을 높여 주지요 그동안 왜 안 했나요? 뇌에 관심이 많아져 배운 대로 실습한 거예요 아, 그럼 신상인가요 예 신상이에요 뇌에 좋은

차이

　작년 이맘때 야생화를 키우는 친구가 루엘리아 사진을 보내왔다 동네 공원에도 루엘리아가 있어 한 가지를 꺾어 수반에 꽂았다 가끔 물만 주었다
　올봄 친구는 화분에 옮겨 보랏빛 꽃이 핀 사진을 다시 보내주었다 얼른 화분에 심으라는 채근을 듣고야 게으름을 부렸다 자랑하듯 사진을 보냈더니 불호령이 떨어졌다
　꽃이 아프단다 줄기가 한쪽으로 굽어져 지주를 세우고 원예용 철사로 묶은 것이 매를 벌었다 철사를 풀고 마른 풀로 다시 묶으란다 친구가 무서워 마른 풀 찾으러 나간다

성불하세요

화엄사 뒤편 구층암
모과나무 기둥을 보러 갔다

망가진 삼층석탑을 지나
짱짱한 옹이 그대로
울퉁불퉁 모과나무 기둥

미끈한 나무를 두고
왜
모과나무 기둥를 세웠을까

갈라진 틈 사이 묵묵한 시간
천불전 앞 백일홍 오래 붉다

비포장도로

동네 길에는
낯익은 가난이 떠다닌다

등 굽은 할아버지 밀고 가는
저를 비워낸 것들

무겁게 올라앉은 검은 파스
옹이 박힌 손이 춥다

오래된 시간
뿌연 모래가 쌓이고

할아버지는 덜컹덜컹
비포장도로를 끌고 다니는데

구부린 허리 사이
막막한 봄이
노을처럼 졸고 있다

내가 사랑하는 그녀

 내겐 선택권이 없다 그녀는 새벽이고 밤중이고 막무가내다 그녀 발을 안으면 기분이 좋다 만일 그녀를 거절한다면 마구 굴러다니는 모래 돌맹이 씹다 버린 껌 공사장에서 굴러나온 못 병뚜껑 콧물 닦은 휴지뭉치 예의 없는 사람이 뱉어놓은 가래 밤새 술을 마시던 실직한 가장의 술주정을 밟을지 모른다 얼마나 끔찍한가

 비가 오면 물에 젖고 눈이 내리면 몸이 얼어버린다 더운 날엔 피부가 늘어지고 추운 날엔 거칠고 딱딱해진다

 그녀는 나를 그리 사랑하지 않는 듯하다 내 앞부리나 뒤꿈치로 바닥을 팍팍 치기도 하고 바쁠 때면 뒷축을 사정없이 눌러 신고 다닌다 화가 나면 발로 툭 차 버리기도 한다 짜증나는 일이 있나 짐작하면서도 섭섭하다

 집으로 돌아온 그녀가 현관에 나를 내려놓는다 전신이 나른하다 불 꺼진 현관에 고단한 몸을 가만히 누인다

4부

짧은 풍경

가보지 않은 풍경-7, 2021, 도자, 24x23x16cm

활주로

풀잎이 파르르 떨린다
여치 한 마리 풀잎 끝에 앉아
건너를 보고 있다
풀잎이 등에 힘을 바짝 준다

무안한 손

선운사 어귀 연못

잉어 떼가
나를 졸졸 따라온다

빈손이 무안해서
얼른 뒤로 감추었다

시력 없는 남자

어느 날 남편이
아내를 빤히 바라보더니

당신 귀걸이를 다 했네

이십 년도 더 달고 있었는데…

내가 좋아하는 말이 있지요

 구름 위를 둥둥 떠가는 말이 참 많지요 행복 사랑 성공 존경 희망 그것뿐일까요 오늘 아침 딩동 소리에 나가 보니 닭백숙 냄비와 물김치 보시기가 문 앞에 있었어요 어제는 후배가 제철이라며 복숭아 한 상자를 집에 들이고는 쌩하니 가 버렸네요

 아 지난 주말엔 친구가 왔었지요 시력이 안 좋아 데리고 사는 구석구석의 머리카락과 먼지를 쓰레기통에 싹 잡아 가두었어요 물청소기로는 성이 차지 않는지 엉덩이를 이리저리 밀며 바닥을 반짝반짝 닦아 주었어요 아까는 시장에서 양파를 샀는데 덤으로 부추를 한 움큼이나 주었네요 미안해서 얼른 아이스크림을 사다 주고 왔지요

 나는 정이란 말을 정말 좋아합니다

옥수수 경전

택배가 왔다
대학 다녔다는 옥수수

껍질째 삶아야 맛이 있다고
두어 껍질만 남기란다

감싼 껍질을 벗긴다
조선 여인의 속옷처럼
많이도 감추었구나
안으로 물려 있는 침묵
비밀이 열 개도 넘는다

겹겹이 싸인 비밀이 궁금해
누런 수염 사이를 들여다본다

단정하게 좌선 중인
하얀 경전들
긴 묵상에 들어 있다

나도 할 일이 있지요

사람이면 요양병원에 있겠지 날개를 감싼 철망은 하얀 테이프로 묶였고 검정 전기코드선 끝에 매달린 플러그는 흰색 뭉개진 강풍, 회전 표시들

나는 이십여 년 전 큰딸이 사온 바람 센 선풍기 한동안 힘차게 살다 노부부와 함께 늙어갔다

막내아들은 고물이라며 나를 쓰레기장에 버렸다 할머니는 다시 집안으로 들여오고 큰딸을 따라 전파상에 갔다 세월이 모터를 돌리며 걸음이 느려졌다 친정집이 텅 비자 큰딸은 자기 집으로 데려오며 옛집의 추억이라고 했다

이제는 옛날의 거실을 꿈꾸지 않는다 조용한 바람을 맞으며 그녀가 포근하다

이상한 일

포리는 왜 만들었을까
며느리 낮잠 못 자게 하려고

그렇구나
시어머니 심술 통 속에
포리가 들어있구나

파리든 포리든
옛이야기는 재미있다
아파서 재미있다

옆에 있던 꼬맹이

이상하다
아픈데 왜 재미있을까

국화 뒤에서

국화를 보러 갔다

국화 옆에서는
흉내도 못 내니
국화 밑에서 써야겠네

나는 국화 뒤에서 써야겠구만
우스갯소리를 하다가

소쩍새 소리
천둥 먹구름 소리
금방 들리는 듯해서

국화 옆에서
국화 밑에서
국화 뒤에서
노래졌다
먹먹해졌다

꽃등 달겠네

겨울이 길게 누웠다
자리 털고 떠난 자리
노란 기억들이 깨어난다

떨며 건너온 강
흐린 눈 노랗게 비빈다

숨죽인 가지
어린 봄 위로
햇살 오래 머물다 가고

귀뚜르르 귀뚤이 울면
도담도담 붉은 산수유
사부작 길 온통 꽃등 달겠네

출생신고

표범 꽃무늬가 부챗살처럼 퍼져 범부채
산부추는 부추와 사촌이고요
투구꽃은 전장에 가지 않았대요
학이 물어와 코피를 멈췄다는 짚신나물이
설사 안 했다고 우는 이질풀을 다독이네요
뼈대 있는 이름을 가진 우리를
이름 모를 풀이라 부르지 마세요
속상해요 정말

물듦

하얀 수건
파란 수건
함께 삶았다

하얀 수건이
파래졌다

저 혼자
고와졌다

응아도 학교 가고 싶다

노랗게 나를 쳐다본다
길 섶 고개 숙인 애기똥풀
동글동글 애기가 싼 똥
구수한 냄새가 난다
요즘은 노란 애기똥풀 대신
노란 버스가 학교에 간다

휴식

일요일 아침
흰색 은색 검정색
승용차 용달차 탑차 트럭
연병장 군인들처럼 줄지어
늦잠을 잔다 오랜만에

어, 하나가 나가네
좀 쉬지

오늘은 일요일인데

휴게소 매출 2위

  당당하다 이름대로 속내를 채웠다 반죽 속에 팥 앙금 호두 몇 조각 단단함이 부드러움에 싸여 포근하다

  특별하지 않다 달랑달랑 말 걸고 싶다 둥글둥글 같이 놀고 싶다 사려고 줄 서다 버스를 떠나보낼 뻔했던 그놈 만만해서 모두가 좋아하는 놈. 너 호두빵

아, 산

지난밤
산신령님께서
커다란 도포에 초록 물감 묻혀
저리 쓱쓱 칠해 놓으셨구나

레몬 닮다

자랑할 것 하나 없는 툭툭한 내게
자랑 하나 있다고
중얼거리기라도 하는 것은
마음 깊은 곳 너를 심어두고
너랑 웃으며 사는 것
너만 생각하면 여자가 되는 것
레몬처럼 상큼해지는 것

노나 먹기

아파트 옥상
블루베리 화분 몇 개
직박구리들
열매를 용케도 따 먹는다

쇠막대로 두드리고
비닐 매와 풍선도 달고

그물을 씌울까
고양이를 키울까

쩨액 – 쩩
경고음을 보낸다
저들이 주인
나는 침입자

그래,
노나 먹자

숨어 있는 것들

꽃이 저리 붉게 핀 것은
잎이 꽃망울에게 속삭였기 때문이다
한 겹 두 겹 색칠하느라 힘들었다며
가만가만 등 도닥였기 때문이다

꽃들이 저리 붉게 반짝이는 것은
잎이 밤새 다독인 땀방울들이
아프게 스며들었기 때문이다
꽃 뒤에 숨어 오래 앓았기 때문이다

몇 번 오갔더니

기사님
벌써 나락이 여물었네요

긍게요
봄에 모내기 허는 것 보고
몇 번 왔다 갔다 혔드니
벌써
나락 빌 때가 돼야 부렀네요

해설

| 해설 |

어느 시간의 언어

— 천세진(문화비평가, 시인)

1. 언어를 만나는 시간

　인간의 언어는 자신을 탄생시킨 공동체 속에 살지만, 공동체를 개별자처럼 만나는 것이 아니고 한 사람 한 사람을 따로 만난다. 언어가 갖는 다의, 미학의 측면은 그런 만남의 한계로 인해 만들어진다.
　모닥불이 피워지고 한 무리의 사람들이 불가에 둘러앉고 그중 누군가가 이야기를 시작한다. 둘러앉은 모두가 같은 언어를 듣지만, 똑같이 만나는 것은 아니다. 각자의 탄생 때부터 만들어진 이해대로 만난다. 그것이 언어를 만나는 숙명적 방식이다. 같은 운명으로 보이는 것은 말하고 듣는다는 현상을 확대한 표피적 사실에 매인 해석뿐이다.

 한 인간이 하나의 단어를 하나의 이해로만 만나는 것도 아니다. 인간은 시간에 따라 변화하는 존재다. 루트비히 비트겐슈타인(Wittgenstein, Ludwig Josef Johann, 1889~1951)이 『논리-철학 논고』(1921)에서 말한 "나의 언어의 한계들은 나의 세계의 한계들을 의미한다."라는 언명은 개별자들이 지닌 이해 세계의 차이를 비교하는 일에 쓰일 수도 있지만, 한 사람이 시간의 변화에 따라 삶의 도정 안에 만들어낸 자아 개별자들 사이의 차이를 해석하는 일에도 사용될 수 있는 언명이다.

 인간의 생은 확연하게 구분되는 몇 개의 과정으로 구성된다. 각 과정이 글로 담겼을 때 만들어지는 깊은 공감은 경험과 맞닿아 있다.

 만약 누군가 그 과정들을 모두 거치고 과정의 막바지에 도착했고 그간의 일을 글로 쓴다면 어떤 형식의 글이 될까. 소설, 수필, 시, 어느 장르를 선택해도 과정을 적확하게 글로 옮기는 일은 불가능하다. 한 사람이 지닌 언어의 세계가 변했으므로 더욱 그렇다.

 양화연 시인의 첫 시집 『곤줄박이에게 쓴 편지』를 이야기하기 위해 장황할 정도로 인간과 언어의 관계를 먼저 풀어놓는 것은 양화연 시인의 작품들이 인간이 겪어야 하는 생의 과정들을 대부분 거치고 온 시간의 어느 지점에서 탄생시킨 작품들인 때문이다.

문학 작품 속에서 시간의 의미는 언제나 중요하지만, 작품에 담긴 시간의 속성(길이, 깊이, 넓이, 색깔 등)을 충분히 이해해야만 시집을 평가할 수 있다.

2. 네 개의 풍경

『곤줄박이에게 쓴 편지』는 풍경의 경계와 길이를 기준으로 4부로 나누어 구성했다. 1부 〈뜰 안〉과 2부 〈뜰 밖〉은 경계로 나누었는데, 이때의 '경계'는 관계의 내밀성을 의미한다. 3부 〈긴 풍경〉과 4부 〈짧은 풍경〉은 길이로 나누었는데 이때의 길이는 그 안에 '거리距離'를 함께 품고 있다.

1) 뜰 안의 세계

1부 〈뜰 안〉은 시인의 유년부터 가족과의 관계 속에서 만들어진 기억을 되짚은 풍경이지만, 개인의 회상에 머물지 않고, 세대 간의 정서적 전이를 보여주는 한 편의 가족 서사시로 읽을 수도 있다.

풍경 속의 아버지와 어머니의 모습에는 노년이 많이 담겨있다. 그 모습을 지켜보는 시인의 시선은 바깥세상의 소란을 비켜선 내면의 시선이다. 잊히지 않는 사람들과 사물의 흔적을 불러내며, 그것을 통해 존재의 뿌리를 더듬는다.

'뜰 안'은 물리적 공간이 아니라, 시인의 기억이 자라고 머

무는 '정신적 장소'다. 그곳에는 부모와 조부모, 친척들이 남긴 삶의 냄새가 스며 있고, 돌확, 능소화, 꽈리 같은 사물들이 숨결을 대신한다. 시인은 이러한 일상의 오브제들을 통하여 '사랑과 슬픔', '죄책감과 화해'의 정조를 담백하게 짜내고 있다.

시인은 시집 『곤줄박이에게 쓴 편지』의 첫 시 「노란 중절모」를 "길이 모자를 썼다"라는 구절로 열며 아버지를 향한 기억을 불러내는데, "길이 모자를 썼다" 이후에 등장하는 색채는 단순한 시각적 장면을 넘어 유년의 세계에 다양한 빛과 그림자가 개입했음을 암시한다.

길이 모자를 썼다
노란 모자 빨간 모자

휙,
곁을 지나치는 자전거 위
노란 중절모 구름으로 얹혔다

눈길이 허둥대며 따라간다
사라진 그림자 사이
코스모스 길게 울고 있다

먼 길가 아직도 서 계신

아버지

— 「노란 중절모」 전문

  자전거를 타고 가다 멈춰 서 있는 아버지의 모습은 이후의 시편 전체를 관통하는 '떠났으나 떠나지 않은' 형상으로 계속해서 시인을 지켜보는 '뜰 안'의 존재로 재생된다.

  '뜰 안'에는 가족들만 있는 것이 아니다. 오브제인 사물들도 기억을 품고 남아 있다. 녹슨 대문과 돌확, 맨드라미는 잊힌 시간을 품고 있는 잔존물이다. '기억의 사물'인 것이다. 돌확, 능소화, 옥수수염, 강정, 전복, 지팡이, 꽈리 등은 단순한 소재가 아니라 사랑의 흔적을 매개하는 언어적 증언자다.

  시인은 이런 사물들을 통해 잃어버린 관계를 다시 불러내고, 그 속에서 자신을 되돌아본다. 이러한 사물 중심의 시학은, 사라진 자들을 다시 살아 있게 하는 시인의 태도를 드러낸다.

  〈뜰 안〉 세계는 "기억의 회환 → 상실의 인식 → 사랑의 회복"으로 이어지는 정서의 궤적을 따라 전개된다. 화자는 과거의 인물들을 하나씩 불러내며, 그들을 통해 자신의 존재 근원을 확인하고, 끝내 그리움 속에서 화해에 이른다. 언어는 화려하지 않다. 절제된 담백함 속에 오히려 깊은 정서의 울림이 깃든다. 시인은 사투리와 생활어, 일상의 호흡을 통해 잊힌 세대의 목소리를 되살리고, 그것을 한국적 서정의 언어로 번역해낸다.

〈뜰 안〉의 세계는 가족의 회상인 동시에 사랑의 윤리를 탐구하는 내면 서사이기도 하다. 시인은 '기억의 사물'을 통해 살아 있는 자의 책임, 죽은 자의 흔적, 그리고 그 둘을 잇는 감정의 윤곽을 탐색하고 있다.

상실을 노래하면서도 절망에 머물지 않는다. 상실을 통해 사랑의 본질을 다시 묻는다. 시인이 뜰 안에서 마주한 것은, 떠나간 이들의 부재가 아니라 그 부재를 견디는 생의 지속성이다. 〈뜰 안〉은 기억의 슬픔을 넘어, 살아남은 자의 따뜻한 책무를 노래하는 내밀의 목소리다.

2) 뜰 밖의 세계

2부 〈뜰 밖〉은 '뜰 안'의 내면적 기억과 가족 중심의 서정을 벗어나 세상의 바깥, 생활의 현장으로 시선을 확장하고 '나'의 사적 감정을 넘어 타인의 삶과 사회의 결을 들여다본다.

공간은 시장, 병원, 버스정류장, 골목길, 공원, 수목원 등으로 흩어지고, 그 속에서 시인은 '보통 사람들'(노인, 장사꾼, 청소 노동자, 이웃, 친구)을 통해 작은 선의와 인간적 존엄의 가능성을 포착하려 한다.

시들은 한국 도시의 현실을 정면으로 바라본다.(월세로 내몰리는 젊은 부부, 폐지를 줍는 노인, 삭정이처럼 갈라진 육신) 이들은 모두 사회의 변두리에 선 사람들이다. 그러나 시인은 이들을 연민이나 비극의 대상으로 소비하지 않는다. 오히려 그들의 생존을 '살아내는 행위'로 존중하려 한다.

산다는 것은
폐지를 조각내는 일

조각난 폐지를
다시 붙이는 일
—「껍데기」부분

시의 언어 또한 그와 닮아있다. 잘려나간 조각들을 다시 이어 붙이듯, 시인은 삶의 파편들을 단정히 붙여 서정으로 바꾼다.

〈뜰 밖〉의 세계는 거대하지 않다. 작고 평범한 것들, 이름 없는 타인들의 존재를 오래 바라보는 데서 시적 윤리를 세운다. 그것은 연민을 넘어선 공감이며, 도덕을 넘어선 정서의 윤리다.

'뜰 안'이 기억과 가족의 정원을 그렸다면, '뜰 밖'은 그 정원을 나와 세상과 더불어 숨 쉬는 길 위에 선다. 시인은 스스로를 구경꾼이 아니라 함께 걷는 이웃으로 자리매김한다. 삶의 바깥에서 다시 발견한 안쪽의 따뜻함, 소멸보다 지속을 선택

하는 인간의 존엄을 노래한다.

〈뜰 밖〉의 시들은 표면적으로는 소소한 일상의 기록처럼 보이지만, 바탕에는 삶을 지속시키는 연민과 품격에 대한 신념이 깔려 있다.

3) 긴 풍경의 세계

3부 〈긴 풍경〉은 시간과 공간이 길게 펼쳐진다. 이 시편들은 생활과 사유 사이를 오가는 감각의 기록이자 사유의 일기다.

1부가 가족들과의 이야기, 2부가 가까운 이들과 생활 주변의 사람들을 담아낸 이야기라면 〈긴 풍경〉은 더 이상 뜰의 경계 주변이 있지 않다. '길 위의 시선'으로 세상 곳곳의 사물, 인간, 동식물, 사소한 장면들을 포착한다. 감정을 빼고 냉담하게 바라보는 것은 아니다. 오히려 세상의 모든 존재가 시의 그물 안에서 조용히 호흡하는 풍경으로 그려진다.

후반부로 갈수록 시는 점점 내면으로 침잠한다. 사물을 빌려 인간을 바라본다.

뽑을까
말까

밤에 살짝 보면

입 꾹 다문 괭이밥

    모르는 척 두었더니

    저리 고운 꽃 되었네
            ―「모두가 꽃 되지」부분

 인간이 생명을 다루는 주체에서, 사물과 다름없는 객체라는 인식을 낳는다.
 〈긴 풍경〉은 삶의 풍경을 길게 바라보지만, 그 시선은 언제나 짧은 호흡을 지닌 언어로 돌아온다. 일상의 단면, 노년의 감각, 사물의 생명, 관계의 온기 등이 느리지만 단단한 서정으로 이어진다.
 〈긴 풍경〉의 세계는 거창한 메시지 대신, 살아 있음 그 자체의 온도를 남긴다. 세상에 건네는 길고 조용한 위로의 풍경이다.

4) 짧은 풍경의 세계
 〈짧은 풍경〉은 짧은 풍경의 연속이지만, 단순한 미니어처가 아니다. 이 시편들은 일상의 단면에서 포착한 순간적 장면을 통해 세계의 내면 구조를 조용히 드러낸다. 짧다는 것은 단축이 아니라 응축이다. 한 줄의 떨림, 한 호흡의 정적 속에서 시인은 존재의 숨결과 시간의 결을 읽어낸다.

> 풀잎이 파르르 떨린다
> 여치 한 마리 풀잎 끝에 앉아
> 건너를 보고 있다
> 풀잎이 등에 힘을 바짝 준다
>
> ―「활주로」 전문

「활주로」에서 '풀잎이 파르르 떨리는' 순간은 여치의 가벼운 몸짓이 세계의 무게를 대신 짊어지는 순간이다. 풀잎의 긴장은 단지 바람 때문이 아니라, 건너편을 바라보는 생명의 의지 때문이다. 짧은 시 속에 압축된 이 긴장감은 미세한 떨림으로 이어지고, '작은 것의 세계'가 곧 '깊은 세계'일 수도 있다는 생각을 건네준다.

〈짧은 풍경〉의 특징은 사소한 것들에 대한 윤리적 시선이다. 그런데 무겁게 말하지 않는다. 웃음을 빌려 존엄을 말하고, 가벼운 말투로 무거운 진실을 건넨다.

시선은 존재의 근원과 시간의 사유로 확장된다. 「옥수수 경전」의 "겹겹이 싸인 비밀이 궁금해 / 누런 수염 사이를 들여다본다" 구절은 사물을 통해 인간의 내면을 읽어내는 시인의 방식이다. 삶의 껍질을 벗기고 나면 드러나는 것은 '좌선 중인 하얀 경전들', 즉 존재의 본질이다. 자연은 단순한 배경이 아니라 묵상하는 존재로 등장한다.

마지막 시 「몇 번 오갔더니」에서 들리는 대화체의 온기 -'벌써 나락이 여물었네요'- 는 이 시집의 결론을 상징한다. '몇 번 왔다 갔다 혔드니'라는 소박한 말속에 계절의 순환, 노동의 정직함, 살아낸 시간에 대한 겸허한 평가가 모두 들어있다.

시인은 거창한 사유를 내세우지 않는다. 대신 삶의 언저리에서 들리는 사람들의 말, 풀잎의 떨림, 물드는 수건 등을 통해 세계의 질서를 써 내려간다.

〈짧은 풍경〉의 세계는 작고 느리고 짧지만, 그 안에 담긴 시간은 길고 깊다. 시인은 세상의 크기를 줄이는 대신, 마음의 결을 넓힌다. 풍경은 짧지만, 사유는 길고, 말은 가볍지만 울림은 묵직하다.

3. 언어에 관해 묻는 시간

양화연 시인의 『곤줄박이에게 쓴 편지』는 낯선 시가 아니다. 무작정 낯선 것을 요구하는 세태에 이렇게 물을 수밖에 없다. 이 세계에 더 이상 낯선 것이 있기는 한가? 해석의 변주를 낯선 것으로 받아들이는 것이 옳기는 한가?

언어는 낯선 것이 아니라, 케케묵은 것이다. 그 케케묵은 것이 사람 속으로 삶속으로 들어가 한 사람의 이름 아래 개별

적인 풍경을 만든다.

  모든 사람은 언어를 통해 남의 세계가 아니라 자기 자신의 세계를 만든다. 시집은 시인의 만든 오롯한 자기의 세계다. 그 안에서 길을 걸으려면 시인이 만든 방식으로 걸어가야 한다.

  시인이 시로 만든 세계는 축소된 세계도 확장된 세계도 아니다. 기억으로 만든 세계일 경우에도 그렇다. 기억이 풍경을 온전히 보존하고 있지 않고, 일부 왜곡하는 경우가 있다 하더라도 그렇다.

  언어는 세계를 확장하지 않는다. 다시 루트비히 비트겐슈타인의 "나의 언어의 한계들은 나의 세계의 한계들을 의미한다."로 돌아가자. 한계는 확장이나 축소의 경계인가? 아닐 수도 있다. 오래된 풍경을 다시 복원하거나 복원의 의미를 가늠하는 일이라면 확장과는 무관한 일일 수도 있다. 양화연 시인의 『곤줄박이에게 쓴 편지』는 복원하는 시다.

양화연 시집
곤줄박이에게 쓴 편지

인쇄 2025년 11월 24일
발행 2025년 11월 28일

지은이 양화연
발행인 서정환
펴낸곳 신아출판사
주소 서울특별시 종로구 삼일대로 32길 36, 운현신화타워 305호
전화 (02) 747-5874, (063)275-4000
팩스 (063) 274-3131
이메일 sina321@hanmail.net
출판등록 제465-1984-000004호
인쇄·제본 신아문예사

저작권자 ⓒ 2025, 양화연
이 책의 저작권은 저자에게 있습니다. 서면에 의한 저자의 허락없이
내용의 일부를 인용하거나 발췌하는 것을 금합니다.
COPYRIGHT ⓒ 2025, by Hwayeon Yang
All right reserved including the rights of reproduction in whole or un
part un any form.
저자와 협의, 인지는 생략합니다.
잘못된 책은 바꿔 드립니다.

ISBN 979-11-24068-22-9 (03810)
값 12,000원

Printed in KOREA